新丝路华文系列教材编委会

华文教育 Chinese Education

新丝路华文系列教材
总主编 郭熙 邵宜

初级华文

第一册

主编 李计伟
编者 李计伟 王姗姗 张军

暨南大学华文学院精品教材

暨南大学出版社
JINAN UNIVERSITY PRESS
中国·广州

图书在版编目（CIP）数据

初级华文．第一册/郭熙，邵宜总主编．—广州：暨南大学出版社，2018.8
（新丝路华文系列教材）
ISBN 978－7－5668－2335－9

Ⅰ．①初…　Ⅱ．①郭… ②邵…　Ⅲ．①汉语—对外汉语教学—教材　Ⅳ．①H195.4

中国版本图书馆 CIP 数据核字（2018）第 046974 号

初级华文（第一册）
CHUJI HUAWEN（DIYICE）
总主编：郭　熙　邵　宜

出 版 人：徐义雄
项目统筹：晏礼庆
策划编辑：杜小陆
责任编辑：黄志波　刘　晶
责任校对：叶佩欣
责任印制：汤慧君　周一丹

出版发行：暨南大学出版社（510630）
电　　话：总编室（8620）85221601
营销部（8620）85225284　85228291　85228292（邮购）
传　　真：（8620）85221583（办公室）　85223774（营销部）
网　　址：http：//www. jnupress. com
排　　版：广州市天河星辰文化发展部照排中心
印　　刷：广州市快美印务有限公司
开　　本：889mm×1194mm　1/16
印　　张：8. 5
字　　数：140 千
版　　次：2018 年 8 月第 1 版
印　　次：2018 年 8 月第 1 次
定　　价：46. 00 元

《初级华文》（第一至四册）编写说明

《初级华文》是为来华学习的华裔留学生编写的综合课主干教材。教材突出“华文”特色，在教授学生华语的同时，向他们展示当代中国国情和社会生活，使其感受中国的文化观念、发展变化与风土人情。

《初级华文》共六册，其中第一至四册以“话题—功能—文化—语法”为纲，话题的选择主要围绕中华文化，同时注重语言技能训练。作为基础阶段的华文教材，编者淡化语法知识讲解，注重语言能力的提高和华人文化意识的培养。

一、编写原则

1. 针对性

教材在内容的选取上充分考虑华裔学生的特点和需求，追求高效率的语言教学，让华裔学生充分发挥学习华文的潜力。教材体现了华人学华文的特点，不依赖媒介语进行教学，而是用中文注释。

2. 科学性

教材语料真实、规范，根据华语语言特点、难易度以及传承语习得规律编排教学内容和语言点。核心字词要求认写识用，非核心字词要求认读。

3. 实用性

教材内容紧扣学生的学习生活以及较为常见的社会交往活动和工作，听说读写并重。

4. 趣味性

教材力求做到课文内容生动有趣，练习设计形式多样，富有趣味性。

二、教材体例

《初级华文》第一至二册15课，第三至四册各12课，建议每册教学时间为一个学期（16个教学周，每周8～10学时）。

第一至四册主教材中，除第一册的“预备单元”外，每课均包含“课前热身”、“开心词典”、“汉字乐园”、“主课文”、“副课文”、“能说会用”、“你知道吗”（第一、二册除外）、“经典诵读”与“练习”板块。各板块的编写理念与特点如下：

课前热身 以导入教学内容、激发学生兴趣为目的，主要采用图文并茂的方式呈现。

开心词典 所列均为主课文和副课文中的重点核心词，每个词条后标注了拼音、词性、简单的中文释义，并附例句、常用短语以及近义词反义词等，展示词语的用法，实现词汇拓展。课文中标红色的词语为用法较简单的核心词。非核心词用蓝色标示于课文中，由教师随文释义。其中，核心词要求学生会认、会读、会写、会用，非核心词只要求学生会认读。

汉字乐园 增强汉字教学的趣味性，加强学生对汉字结构规律的认知，帮助学生理解、记忆汉字。

主课文 采用旁注的形式。旁注内容主要为重点句式、文化注解、非核心词的释义。

副课文 包括两篇针对具体功能项目的对话体课文，旨在提高学生的语言运用能力。

能说会用 针对课文中的功能项目，给出语境或指定任务，组织学生完成对话交际练习，提高学生的交际表达能力。

你知道吗 根据需要，针对课文中所涉及文化点适当进行介绍或阐释，引导学生了解中华文化，增强对中华文化的认同感。

经典诵读 包括诗词佳句、经典名言、俗语谚语等，旨在让学生感受汉语音律与意蕴之美。

练习 包括5～7种常用题型，内容涵盖语言要素及语言技能训练，既可供教师课堂上使用，也可供学习者课外选做。

编写组希望本套教材能充分激发华裔学生学习华文的兴趣，提高他们语言学习的效率。教材编写乃系统工程，编写过程中难免存在疏漏之处，欢迎广大教材使用者提出宝贵的意见与建议！

《初级华文》教材编写组
2018 年 6 月 29 日

目录

预备单元

第一课

拼音（上）

qǐng gēn wǒ dú

zài dú yī biàn

快乐学拼音

一、看图片，学拼音

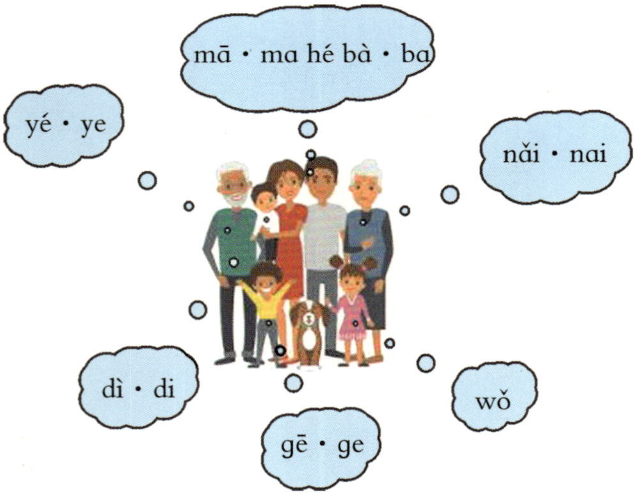

líng	yī	èr	sān	sì
0	1	2	3	4
5	6	7	8	9
wǔ	liù	qī	bā	jiǔ

qiántiān	zuótiān	jīntiān	míngtiān	hòutiān

Mon	Tue	Wed	Thu	Fri
xīngqī yī	xīngqī èr	xīngqī sān	xīngqī sì	xīngqī wǔ

二、读拼音，学会话

(1) A：Lǎoshī hǎo!

B：Nǐ hǎo!

(2) A：Nǐ jiào shén · me míng · zi?

B：Wǒ jiào Zhāng Yùlán，nǐ ne?

A：Wǒ jiào Wáng Jiālì.

B：Hěn gāoxìng rèn · shi nǐ.

(3) A：Jīntiān shì xīngqī jǐ?

B：Jīntiān shì xīngqī wǔ.

(4) A：Xiè · xie!

B：Bù kè · qi.

(5) A：Zàijiàn!

B：Míngtiān jiàn!

（6）A：Duì · buqǐ!

B：Méi guān · xi.

语文园地

一、汉语的声调

dì-yī shēng　　dì-èr shēng　　dì-sān shēng　　dì-sì shēng

55　　35　　214　　51

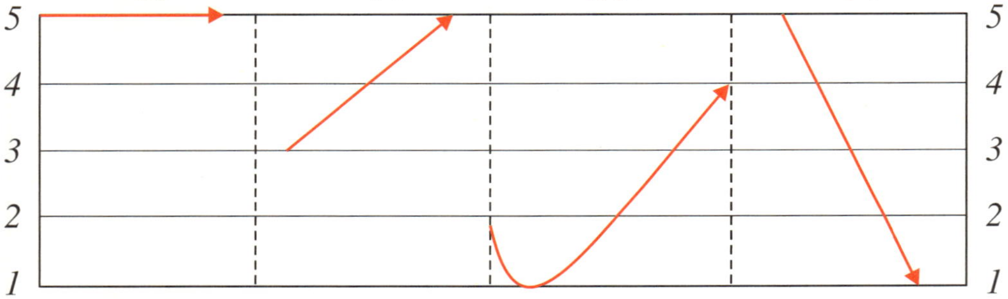

二、汉语的韵母（上）

ā	á	ǎ	à
ō	ó	ǒ	ò
ē	é	ě	è
ī	í	ǐ	ì
ū	ú	ǔ	ù
ǖ	ǘ	ǚ	ǜ

三、拼一拼，读一读（上）

b	 b—ǐ→bǐ	p	 p—á→pá
m	 m—ǎ→mǎ	f	 f—ó→fó
d	 d—ú→dú	t	 t—ī→tī
n	 n—ǚ→nǚ	l	 l—ù→lù

（续上表）

g	 g—ē→gē	k	 k—ū→kū
h	 h—ē→hē	j	 j—ī→jī
q	 q—ī→qī	x	 x—ǐ→xǐ
zh	 zh—ū→zhū	ch	 ch—ē→chē

（续上表）

sh	 sh—é→shé	r	 r—è→rè
z	 z—ū→zū	c	 c—ā→cā
s	 s—ǎ→sǎ	y	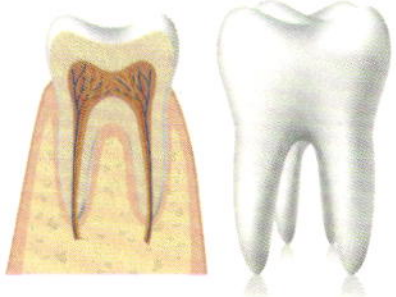 y—á→yá
w	 w—ā→wā		

四、读一读，记一记

zhi	 zhǐ	chi	 chī
shi	 shī	ri	 rì
zi	 zì	ci	 cì
si	 sì		

练习

一、读一读，辨一辨

pā—pō	nī—lī	shā—sā	zhī—zī
gé—ké	dí—tí	mó—fó	jí—qí
chě—zhě	zǔ—zhǔ	yǔ—wǔ	shǐ—chǐ
lǜ—lì	mù—mò	bò—pò	zhà—zhè

二、听一听，写出声调

ba	ni	ke	chi	hu	pu	mo	fa	de	tu
ju	qu	xi	za	cu	se	zhu	she	ri	lü

三、听一听，完成拼音

y ____

ch ____

p ____

j ____

h ____

f ____

____ i

____ e

____ a

____ e

____ u

四、选择合适的句子

(1) ____ 

(2) ____  (3) ____

(4) ____  (5) ____

(6) ____  (7) ____

(8) ____  (9) ____

(10) ____ 

(11) ____

A：Wǒ jiào Wáng Lì.

B：Xiè · xie!

C：Méi guān · xi.

D：Nǐ hǎo!

E：Lǎoshī zàijiàn!

F：Duì · buqǐ.

G：Míngtiān jiàn!

H：Jīntiān shì xīngqī jǐ?

I：Bù kè · qi.

J：Jīntiān shì xīngqī liù.

K：Nǐ jiào shén · me míng · zi?

五、绕口令

(1) Bǎndèng kuān, biǎn · dan cháng, biǎn · dan xiǎng bǎng zài bǎndèng shàng, bǎndèng bù ràng biǎn · dan bǎng zài bǎndèng shàng.

(2) Sì shì sì, shí shì shí. Shísì shì shísì, sìshí shì sìshí. Shuí néng shuō · de zhǔn, shànglái shì yi shì.

第二课

拼音（下）

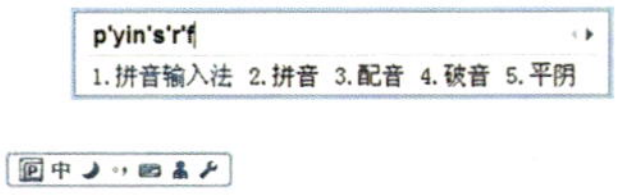

Zhōu Yǒuguāng：
pīnyīn de bà · ba

hànyǔ pīnyīn shūrù fǎ

快乐学拼音

一、看图片，学拼音

chūn xià

qiū dōng

北 běi

N

西 xī W 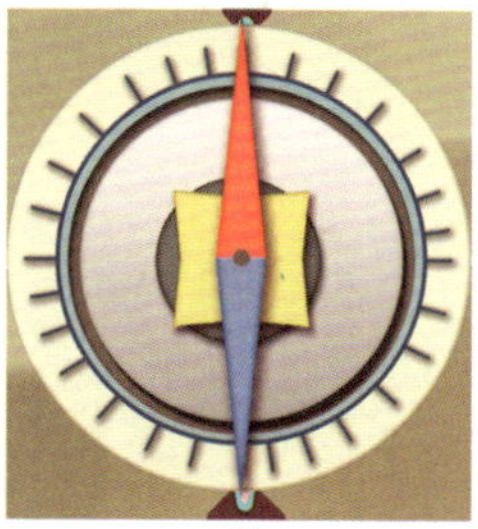 E 东 dōng

S

南 nán

 Běijīng	 Shànghǎi	 Guǎngzhōu
 Měiguó	 Yìndùníxīyà	 Tàiguó

二、读拼音，学会话

(1) A：Nǐ shì nǎ · lǐ rén?

B：Wǒ shì Guǎngzhōu rén.

(2) A：Nǐ shì běifāng rén ma?

B：Bùshì，wǒ shì nánfāng rén.

（3） A：Nǐ xǐ · huan nǎ · ge jìjié？

B：Wǒ xǐ · huan chūntiān.

（4） A：Nǐ duō dà le？

B：Wǒ shíbā suì.

（5） A：Zhè shì shén · me？

B：Zhè shì hànyǔ shū.

（6） A：Nǐ zài nǎr？

B：Wǒ zài Shànghǎi.

（7） A：Tā · men zài zuò shén · me？

B：Tā · men zài xuéxí hànyǔ.

语文园地

一、汉语的韵母（下）

ai ei ui ao ou iu ie üe er

an en in un ün ang eng ing ong

二、拼一拼，读一读（下）

ei	 l—èi→lèi	ui	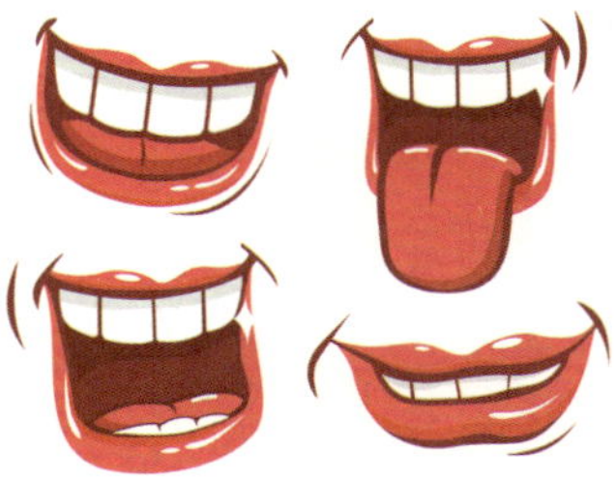 z—uǐ→zuǐ

（续上表）

ao	 b—āo→bāo	ou	 h—óu→hóu
iu	 n—iú→niú	ie	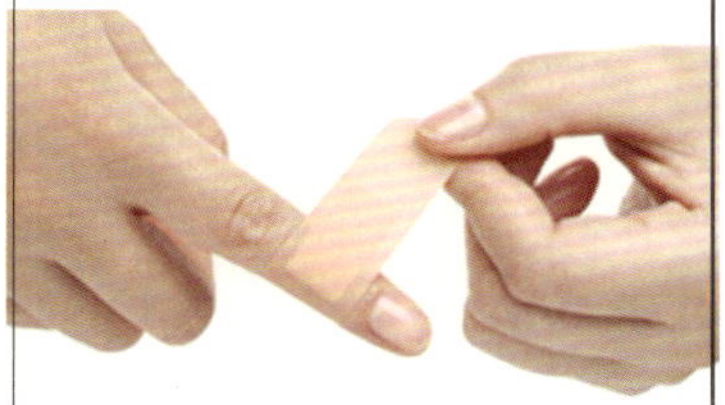 t—iē→tiē
üe	 x—üě→xuě	an	 p—án→pán
en	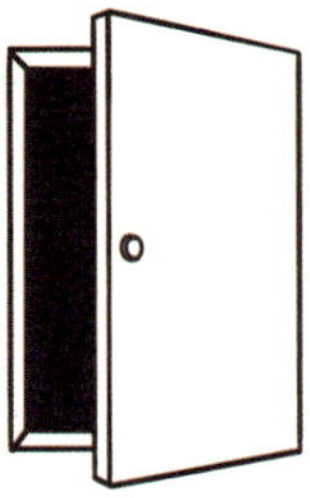 m—én→mén	in	 x—īn→xīn

（续上表）

un	 k—ùn→kùn	ün	 q—ǘn→qún
ang	 f—áng→fáng	eng	 d—ēng→ dēng
ing	 d—īng→dīng	ong	 ch—óng→chóng

练习

一、读一读，辨一辨

fēn—līn	bēn—bān	hēi—biē	wān—yuān
hóu—báo	wán—wén	tuí—niú	yóu—yáo
tuǐ—gěi	tǎng—yǎng	dǒng—yǒng	piě—lüě
lòng—làng	wèn—yùn	wài—wèi	lài—nèi

二、听一听，写出声调

meitian	xi · huan	xiatian	dongfang
Zhongguo	na · li	shen · me	Hanyu shu
xuexiao	xuexi	jijie	Guangzhou ren

三、听一听，完成拼音

ch ____ f ____

sh ____ j ____

y ____ y ____

h ____

爱

h ____ z ____

四、根据图片完成对话

（1）A：Nǐ shì nǎ · lǐ rén？

B：________________________.

(2) A：Nǐ duō dà le?

B：________________.

(3) A：Zhè shì shén · me?

B：________________.

(4) A：________________?

B：Tā · men zài xuéxí hànyǔ.

(5) A：________________?

B：Wǒ xǐ · huan qiūtiān.

(6) A：Nǐ shì Shànghǎi rén ma?

B：______, ________________.

五、读一读，说一说

Wǒ jiào Wáng Jiālì, Yìnní rén, 20 suì, zài Guǎngzhōu xuéxí hànyǔ. Wǒ xǐ · huan xiàtiān.

六、绕口令

1. Mā · ma zhòng má, wǒ qù fàng mǎ. Mǎ chī · le má, mā · ma mà mǎ.

2. Máo · mao yǒu yī dǐng hóng mào, māo · mao yǒu yī shēn huī máo. Máo · mao yào māo · mao de huī máo, māo · mao yào máo · mao de hóng mào.

第三课

汉字

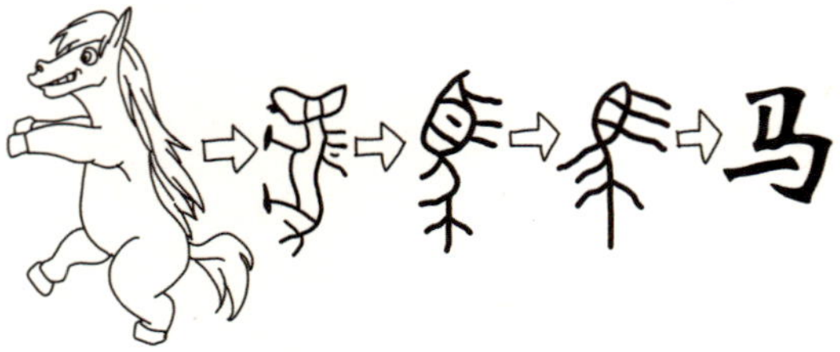

mǎ
马

xiū
休

快乐学汉字

一、一点一横

丶	diǎn	这（zhè）　语（yǔ）　字（zì）
一	héng	西（xī）　南（nán）　下（xià）
丨	shù	中（zhōng）　上（shàng）　国（guó）
丿	piě	手（shǒu）　多（duō）　你（nǐ）
㇏	nà	人（rén）　大（dà）　天（tiān）
㇀	tí	汉（hàn）　我（wǒ）　北（běi）
㇕	héngzhé	口（kǒu）　日（rì）　书（shū）
亅	shùgōu	小（xiǎo）　东（dōng）　那（nà）

二、一笔一画

	rén 人
丿 人	
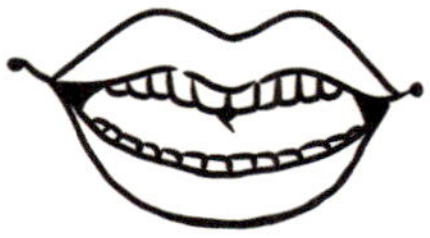	kǒu 口
丨 𠃍 口	
	rì 日
丨 冂 冃 日	

（续上表）

	yuè 月
丿 ⺆ 月 月	
	shān 山
丨 凵 山	
	shuǐ 水
亅 刁 水 水	
	bà 爸
ノ 八 ⺈ 父 爷 爷 爷 爸	

（续上表）

<table>
<tr><td rowspan="2"></td><td>mā</td></tr>
<tr><td>妈</td></tr>
<tr><td colspan="2">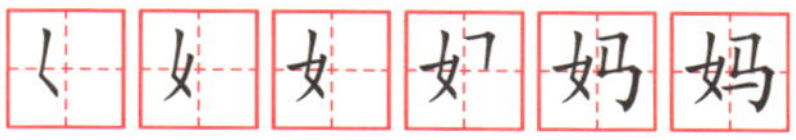</td></tr>
<tr><td rowspan="2"></td><td>shī</td></tr>
<tr><td>师</td></tr>
<tr><td colspan="2"></td></tr>
<tr><td rowspan="2"></td><td>yī</td></tr>
<tr><td>医</td></tr>
<tr><td colspan="2"></td></tr>
</table>

三、生词：读一读，记一记

hànyǔ	hànzì	yé · ye	nǎi · nai	bà · ba
汉语	汉字	爷爷	奶奶	爸爸
mā · ma	gē · ge	dì · di	jiě · jie	mèi · mei
妈妈	哥哥	弟弟	姐姐	妹妹

shàng —xià　　zuǒ —yòu　　duō —shǎo　　dà —xiǎo　　zhè —nà

上　—下　　左—右　　多—少　　大—小　　这—那

nǐ—wǒ—tā—tā—tā　　dōng —xī —nán —běi

你—我—他—她—它　　东　—西—南　—北

练习

一、把下列汉字按照结构归类

妈、爷、日、爸、上、街、国、湖、姐、休、因

下、字、那、回、你、师、山、圈、树、马、多

 ______________________________

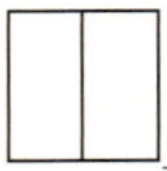 ______________________________

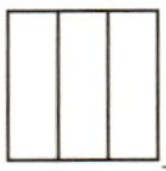 ______________________________

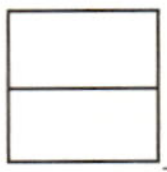 ______________________________

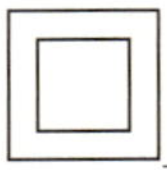 ______________________________

二、把下列汉字按照部首归类

拍、悦、汉、什、妹、俩、们、意、喝、他、吐、情、抱、江、妈

拔、河、娘、您、打、嘴、忧、湖、吃、海、奶、吵、姐、拧、你

（1）口：______________________________

（2）亻：______________________________

（3）忄：______________________________

（4）氵：______________________________

（5）女：______________________________

（6）心：______________________

（7）扌：______________________

三、连一连，组汉字

文　　宀　　父　　亻　　女　　口　　氵

子　　又　　玉　　辶　　尔　　巴　　马

______　______　______　______　______　______　______

四、认一认，读一读

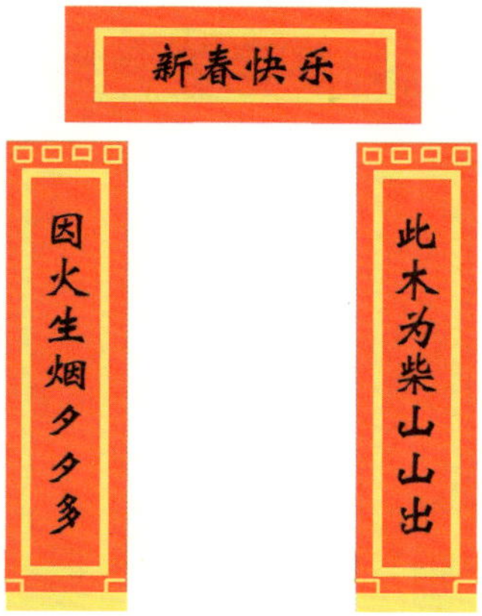

xīn chūn kuài lè
新　春　快　乐

Cǐ　mù　wéi　chái　shān　shān　chū
此　木　为　柴　山　山　出，
yīn　huǒ　shēng　yān　xī　xī　duō
因　火　生　烟　夕　夕　多。

第一单元

自我介绍

第四课

我的家

课前热身

yī jiā　sānkǒu
一家　三口

quán jiā fú
全家福

开心词典

大家[1]　　dàjiā　　代词

例：大家好！//谢谢大家！

是[2]　　shì　　动词

例：他是老师。

和[3]　　hé　　连词

例：爸爸和妈妈　哥哥、弟弟和我

们[4]　　·men　　后缀

例：你们　我们　他们　老师们　孩子们

美丽[5]　　měilì　　形容词

huār
例：美丽的花儿

谁[6]　shuí　代词

例：他是谁？//这是谁的书？

吗[7]　·ma　助词

例：你好吗？//你是中国人吗？//你有哥哥吗？

个[8]　gè　量词

píngguǒ
例：一个好朋友　三个老师　四个苹果

真[9]　zhēn　副词

例：真好　真多　真大　真小

在[10]　zài　动词、介词

例：我在家。//他在看书。

都[11]　dōu　副词

例：我们都是印尼人。//他们都在家。

汉字乐园

jiā
家 

家人　在家　全家福　一家人

hǎo
好 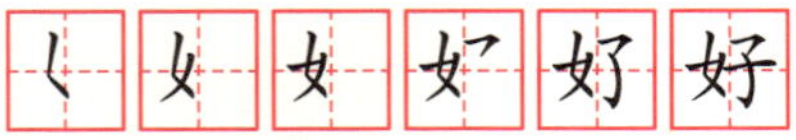

好人　好看　你好　真好

kàn
看 

看书　看电视　看电影

bèi
贝 

宝贝　贝壳

主课文

de jiā
我的家

jiào　　　Yìn ní
大家[1]好！我叫王佳丽，是[2]印尼人。

yǒu　kǒu
我家有六口人，爸爸、妈妈、姐姐、哥哥、弟弟和[3]我。姐姐叫佳美，哥哥叫家宝，弟弟叫家贝，我叫佳丽。

bǎo · bèi
我们[4]是爸爸妈妈的"美丽[5]宝　贝"。

★的

我的书　他的老师

★有

他有一个姐姐。

我家有三口人。

★口

六口人

会话 1

quán jiā fú
全家福

（下课后，王佳丽看到了杨老师手机里的照片）

lǎoshī　nín　jiā rén
王佳丽：老师，这是谁[6]？您的家人吗[7]？

duì　kàn　tài · tai　hái · zi
杨老师：对，你看，这是我太太，这是我的孩子。

nǚ'ér　ér · zi
王佳丽：老师，您有一个[8]女儿和一个儿子，真[9]好！

xiè · xie
杨老师：谢谢！

会话 2

qīn rén
亲人

huárén
杨老师：佳丽，你是印尼华人吗？

a
王佳丽：是啊。

zhōngguó
杨老师：你在[10] 中国有亲人吗？

shū · shu jiù · jiu yí mā Guǎngdōng
王佳丽：有啊，我奶奶、叔叔、舅舅和姨妈都[11]在广东。

能说会用

jiè shào
一、介绍

suì
1. 大家好，我叫王佳丽，20 岁，是印尼人。我家有六口人，爸爸、妈妈、姐姐、哥哥、弟弟和我。

2. 这是我太太，这是我的孩子。

3. 这是我爸爸。

请介绍你的家。

chēng · hu
二、称呼

1. 王老师，您好！

shī · fu
2. 师傅，……

ā yí
3. 阿姨，……

4. 叔叔，……

在学校里，你经常见到哪些人？你怎么称呼他们？

经典诵读

Jǔ tóu wàng míng yuè dī tóu sī gù xiāng
举 头 望 明 月，低 头 思 故 乡。

——唐·李白《静夜思》

练习

一、连一连，组汉字

你	者	亻	女	宀	口
阿	也	且	阝	心	豕
____	他	____	____	____	____

二、大声读

你好	您好	大家好	老师好
他们	我们	你们	老师们
真好	真美	真大	真多
在中国	在印尼	在美国	在家
你的太太	我的孩子	你们的老师	他的书

三、选词填空

都　看　在　真　吗　有　和　是　叫

（1）我的老师______三个孩子。

（2）你______印尼人______？

（3）他们______是中国人。

（4）你姐姐______美！

（5）我哥哥______弟弟______美国。

（6）我 喜欢(xǐ·huan) ______书。

（7）他______李明(Lǐ Míng)。

四、连一连

妈妈的姐姐和妹妹	舅舅
我的儿子和女儿	我的孩子
爸爸的弟弟	姨妈
妈妈的哥哥和弟弟	全家福
一家人的照片	叔叔

五、看图片，选句子

(　　)

(　　)

(　　)

(　　)

(　　)

(　　)

A：大家好！

B：他是老师。

C：人真多！

D：我家有六口人。

E：他们都在学习汉语。

F：他是美国人。

六、说一说：介绍你的家

第五课

我的新朋友

课前热身

Chén Sī huá hé Chén Sī hàn
陈 思华 和 陈 思汉

Wáng Jiā lì
王 佳丽

Zhāng Yù lán
张 玉兰

Sūn Kè
孙 克

Liú Dàwěi
刘 大伟

开心词典

新[1]　xīn　形容词

例：新老师　新朋友　新家　新书

认识[2]　rèn·shi　动词

例：我认识他。//这个字你认识吗？

几[3]　jǐ　数词、代词

例：几个老师

你家有几口人？

位[4]　wèi　量词

例：一位老师

这位是我太太。

一起[5]　yīqǐ　副词

例：一起去　一起玩儿　一起学习

我们一起在中国学习汉语。

每[6]　měi　代词

例：每天　每月　每个人　每位老师

学习[7]　xuéxí　动词

例：学习汉语　好好学习

玩儿[8]　wánr　动词

例：玩儿手机(shǒu jī)　好玩儿　真好玩儿

很[9]　hěn　副词

例：很好　很美　很好玩儿

高兴[10]　gāoxìng　形容词

例：我很高兴。//今天他真高兴。

什么[11]　shén·me　代词

例：这是什么？//你叫什么名字？

哪[12]　nǎ　代词

例：哪个学生　哪个国家

你是哪国人？

觉得[13]　jué · de　动词

例：我觉得他是印尼人，不是中国人。

自己[14]　zìjǐ　代词

例：你自己　我自己

我自己去。

哪儿[15]　nǎr　代词

例：你去哪儿？//他在哪儿？

你住哪儿？//这是哪儿？

让[16]　ràng　动词

例：老师让你去学校。//朋友让我去她家玩儿。

汉字乐园

jiàn
见　丨　冂　贝　见

看见　再见

měi
每　𠂉　𠂉　𠂉　每　每　每　每

每天　每年　每个　每位

rèn
认　讠（言字旁）+ 人（rén）

认识　认字

讠+ ×：说 shuō　话 huà　读 dú　谈 tán　请 qǐng

zhù
住　亻（单人旁）+ 主（zhǔ）

住在学校　住在家里　一起住

主课文

péng · you

我的新[1]朋友

xuéxiào

在学校，我认识[2]了几[3]位[4]新朋友，他们都是我

tóngxué

的同学。

cóng Miǎndiàn lái　　　liǎ　xiōng dì

陈思华和陈思汉从缅甸来，他们俩是兄弟。

lái zì Fǎ guó　　　　Měiguó　　　　Tàiguó

孙克来自法国，刘大伟是美国人。张玉兰从泰国

zhù

来，和我一起[5]住。

tiān

我们每[6]天一起学习[7]，一起玩儿[8]。

★从……来

我从印尼来。

你从哪儿来？

★俩

我们俩　你们俩

姐妹俩　兄弟俩

★来自

我来自泰国。

他来自美国。

★A 和 B……

我和陈思汉一起学习。

会话 1

认识你很[9]高兴[10]！

（开学后第一次见面）

míng · zi

刘大伟：你好！我叫刘大伟，你叫什么[11]名字？

王佳丽：你好，我叫王佳丽。你是哪[12]国人？

刘大伟：我爸爸是美国人，妈妈是中国人，我觉得[13]自己[14]是华人。你

·ne

呢？

王佳丽：我是印尼人。认识你很高兴！

会话 2

qù
去哪儿[15]？

（周日，孙克在学校门口遇到王佳丽）

孙　克：你好，佳丽，去哪儿？

mǎi dōng · xi

王佳丽：我去买 东 西 ，你呢？

dǎ diànhuà

孙　克：一个朋友打 电 话，让[16]我去他家玩儿。

nà zàijiàn

王佳丽：那你好好玩儿，再见。

孙　克：谢谢，再见！

能说会用

jiè shào

一、介 绍

1. 大伟是我的朋友，他来自美国。
2. 他们从印尼来。
3. 我是美国人。

请介绍你的几位好朋友。

wènhòu

二、问 候

1. 佳丽，去哪儿？

hēi

2. 嘿，大伟，吃饭了吗？

你在学校见到一个朋友，你和他/她说什么？

经典诵读

Zài jiā kào fù mǔ chū mén kào péng · you
在家靠父母，出门靠朋友。

练习

一、连一连，组汉字

交	上	王	口	亻	走
立	那	己	木	讠	元
____	____	____	____	____	玩

二、大声读

几位朋友	几位同学	三位老师
从泰国来	从印尼来	从美国来
你们俩	兄弟俩	姐妹俩
一起玩儿	一起住	一起学习
和我玩儿	和他去	和朋友一起学习
很高兴	很大	很好

三、选词填空

和　一起　住　哪　从　很　每　呢　位

(1) 这______是我的老师。

(2) 我们______去学校，好吗？

(3) 你是______国人？

（4）我______天都学汉语。

jīn tiān
（5）今天我______高兴。

（6）我是中国人，你______？

（7）我______在学校。

（8）他______朋友去玩儿。

（9）他____法国来。

四、看图片，选句子

（　　）

（　　）

（　　）

（　　）

（　　）

A：大家一起玩儿。

B：这位是我的朋友，王明。

chī//fàn
C：和家人一起吃饭，我觉得很高兴。

D：我从泰国来。

E：学生们每天去学校学习。

五、完成对话

（1）A：你去哪儿？

B：________________________________。（和……）

（2）A：________________________________？（呢）

B：我来自美国。

（3）A：你是哪里人？

B：________________________________。（从……来）

（4）A：朋友让我去他家玩儿。

B：________________________________。（那）

六、连词成句

（1）同学　是　的　他们　都　我

____

（2）高兴　很　你们　认识

____

（3）兄弟　泰国　从　他们　俩　来

____

（4）家　姨妈　我　她　去　让　玩儿

____

（5）天　学校　一起　每　我　和　去　弟弟

____

七、说一说：我的好朋友

第六课

我们的学校

课前热身

tú shūguǎn
图书馆

cāntīng
餐厅

cāochǎng
操场

jiàoshì
教室

开心词典

边[1]　　·bian　　方位词后缀

例：左边　右边　上边　下边

他在前边。//学校在我家后边。

中间[2]　　zhōngjiān　　方位词

例：教室在学校中间。

漂亮[3]　　piào·liang　　形容词

例：你们俩都很漂亮。//我们学校真漂亮！

喜欢[4]　　xǐ·huan　　动词

例：我喜欢玩儿。//他很喜欢看书。

过[5]　　·guò　　趋向动词

例：他去过北京。//这家餐厅的饭菜我没吃过。

些[6]　　xiē　　量词

例：一些同学　这些人　那些书

也[7]　　yě　　副词

例：他是印尼人，我也是印尼人。

没[8]　　méi　　副词

例：今天我没吃饭。//昨天我没去学校。

怎么样[9]　　zěn·meyàng　　代词

例：你的老师怎么样？//你觉得我们学校怎么样？

不错[10]　　bùcuò　　形容词

例：这个地方真不错。//他很不错。

舒服[11]　　shū·fu　　形容词

例：我觉得这儿很舒服。

可以[12]　　kěyǐ　　助动词

例：可以看　可以买　可以吃

我可以去吗？

还[13]　　hái　　副词

例：我去过印尼、美国，还去过日本。

我喜欢打篮球，还喜欢踢足球。

汉字乐园

shū
书 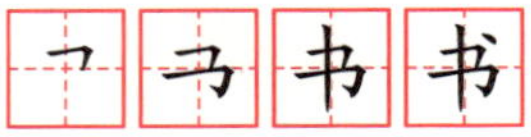

汉语书　看书

biān
边 

这边　那边　东边　西边

dōng
东 

东边　东门

guǎn
馆　饣（食字旁）+ 官（guān）

餐馆　饭馆　图书馆　茶馆

主课文

★所

一所学校

yī yuàn
一所医院

★座

一座山　一座楼

我们的学校

suǒ dà xué
我在一所大学学习汉语。

zuò　jiàoxuélóu　bàngōng
学校西边[1]有一座小山，中间[2]是教学楼和办公楼(lóu)。东边是操场，北边是我们的宿舍楼(sù shè lóu)。我们的餐厅在西边，学校的大门(mén)在南边。

我觉得我们学校很漂亮[3]，我很喜欢[4]。

★（地方）是（什么）

我家东边是小山。

大门西边是餐厅。

会话 1

你去过[5]哪儿？

（教室里，面对中国地图）

刘大伟：佳丽，你去过中国哪些[6]地方(dì·fang)？

王佳丽：北方，我去过北京(Běijīng)。东边，我去过上海(Shànghǎi)，也[7]去过杭州(Hángzhōu)。

刘大伟：啊，这些地方我都没[8]去过！

会话 2

我们学校怎么样[9]？

杨老师：大家觉得我们学校怎么样？

林丽珍：很不错[10]啊！宿舍楼很新，有空调(kōngtiáo)，有热水器(rè shuǐ qì)，很舒服[11]。

罗志龙：操场很大，学生(xué·shēng)们可以[12]打篮球(lánqiú)、踢足球(tī zú qiú)。

陈思华：图书馆也很大，有很多书。

孙　克：餐厅的饭菜(fàncài)很好吃，有中餐，还[13]有西餐(xī cān)。

能说会用

shuōmíng
一、说 明

学校西边有一座小山，中间是教学楼和办公楼，东边是操场，北边是宿舍楼。

根据下面的图，请用方位词说一说学校的位置。

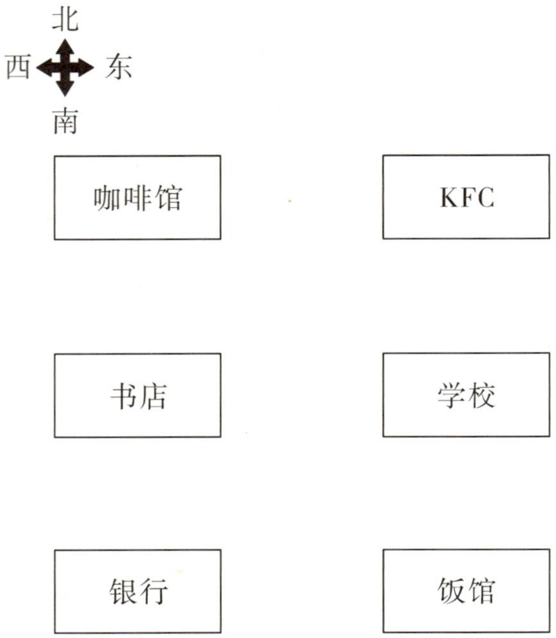

kā fēi guǎn
咖啡馆

shūdiàn
书店

fànguǎn
饭馆

yínháng
银行

píng jià
二、评 价

1. ……怎么样？
2. 你觉得……怎么样？
3. 我觉得……很漂亮/不错。

请你评价一下你的同桌或你生活的城市。

经典诵读

Shào zhuàng bù nǔ lì lǎo dà tú shāng bēi
少 壮 不 努 力，老 大 徒 伤 悲。

——北宋·郭茂倩《乐府诗集·长歌行》

练习

一、连一连，组汉字

足	日	欠	反	王	寸	木
辶	求	饣	门	易	又	羊
______	______	饭	______	______	______	______

二、大声读

一所学校	一座小山	一座大楼
去过北京	没看过这本书	吃过那家餐厅的菜
学校西边	餐厅东边	宿舍南边
很漂亮	很不错	很舒服
教学楼	办公楼	宿舍楼
打篮球	踢足球	

三、选词填空

也　还　座　所　怎么样　不错　过　在　可以　喜欢

（1）你觉得这个地方________？

（2）我________和你一起去吗？

(3) 我们学校餐厅的饭菜真________，我很________。

(4) 我的姐姐在美国一________大学学习。

(5) 我从印尼来，佳丽________从印尼来。

(6) 你去________上海吗？

(7) 我学习汉语、英语（yīng yǔ），________学习法语。

(8) 学校的大门________南边。

(9) 办公楼后边有一________小山。

四、完成对话

(1) A：________________________________？（过）

B：北京和上海。

(2) A：我不是中国人，你呢？

B：________________________________。（也）

(3) A：________________________________？（觉得）

B：不好吃。

(4) A：餐厅在哪儿？

B：________________________________。（……边）

(5) A：我们学校的学生很多。

B：对啊，有印尼人，有泰国人，________________。（还）

五、连词成句

(1) 东边　是　宿舍楼　餐厅　学校　和

____

(2) 地方　都　过　这　没　些　去　我

____

(3) 学校　大家　怎么样　操场　我们　觉得

____

（4）和　可以　一起　吗　图书馆　去　我　你

（5）大学　我　所　学习　一　在　汉语

六、介绍学校

把全班同学分成几个小组，画一张学校的方位图，并向大家介绍。

七、说一说：我们的学校怎么样

第二单元

吃喝玩乐

第七课

吃什么

课前热身

jiǎo · zi
饺子

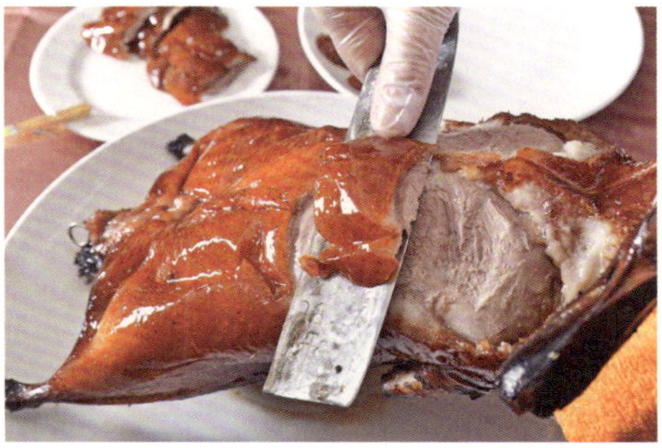

Běijīngkǎo yā
北京烤鸭

huǒguō
火锅

zǎochá
早茶

开心词典

吃[1]　　chī　　动词

例：吃饭　吃菜

你喜欢吃什么？

做[2]　　zuò　　动词

例：做饭　做作业

你在做什么？

会[3]　　huì　　助动词

例：我会做菜。

洗[4]　　xǐ　　动词

例：洗手　洗碗　洗一洗　洗洗

出去[5]　　chū//·qù　　动词

例：出去吃饭　出去玩儿　一起出去

但是[6]　　dànshì　　连词

例：我喜欢打篮球，但是不喜欢踢足球。

有点儿[7]　　yǒudiǎnr　　副词

例：有点儿不高兴　有点儿不舒服

这儿人有点儿多。//这家餐厅有点儿远。

远[8]　　yuǎn　　形容词

例：学校很远。

【反】近（jìn）

方便[9]　　fāngbiàn　　形容词

例：住在这儿很方便。

一般[10]　　yībān　　形容词

例：星期六，他一般去图书馆学习。

喝[11]　　hē　　动词

例：喝水　喝咖啡

习惯[12] xíguàn 动词、名词

例：习惯这个地方 不习惯 好习惯 坏(huài)习惯

已经[13] yǐjīng 副词

例：我已经知道了。//他已经20岁了。

用[14] yòng 动词

例：用手机 好用 不好用

汉字乐园

xiǎng
想

相(xiāng) + 心

想一想 想家

我想学汉语。

huǒ
火

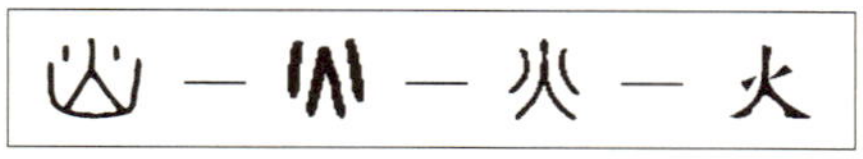

火锅 发火

火 + X：炒(chǎo) 烧(shāo) 烤(kǎo)

ròu
肉

牛肉 鸡肉 羊肉 吃肉

míng
明

明天 明年

主课文

你吃[1]什么

星期六，我和妈妈去舅舅家玩儿。舅舅做[2]了(le)一个鱼香肉丝(yú xiāng ròu sī)，舅妈做了一个汤(tāng)。表姐(biǎo jiě)说(shuō)自己不(bù)会[3]做菜，可以洗[4]碗(wǎn)。我和妈妈一起做了咖喱鸡(gā lí jī)和印尼炒饭(chǎo//fàn)。

一桌子(zhuō·zi)菜，真香！

★了

我学了5个星期的汉语。

吃了饭去学校。

★不

今天我不去上课。

他不是印尼人。

会话 1

你喜欢吃什么？

刘大伟：明天(míngtiān)是周末(zhōumò)，大家一起出去[5]吃吧(ba)，你们想(xiǎng)吃什么？

张玉兰：我想吃泰国菜。

陈思汉：我也想吃泰国菜，但是[6]有点儿[7]远[8]，不方便[9]。

王佳丽：那吃广州菜吧，我知道(zhī·dào)一家餐厅，不远，味道(wèi·dào)也不错，我很喜欢。

大　家：好啊。

会话 2

一日三餐

王佳丽：大伟，在美国人们的一日三餐是什么？

zǎocān kā fēi miànbāo wǔcān sānmíngzhì hànbǎo guǒ
刘大伟：早餐一般[10]喝[11]咖啡、吃面包。午餐是三明治、汉堡和果

zhī wǎncān shā lā tiánpǐn
汁。晚餐是汤、沙拉和甜品。

xiànzài bāo · zi mǐfàn miàntiáo
王佳丽：那现在每天吃包子、米饭和面条，你习惯[12]吗？

ǹg kuài · zi
刘大伟：嗯，已经[13]习惯了，我也会用[14]筷子了！

能说会用

jiàn yì
一、建议

1. 明天是周末，大家一起出去吃吧。
2. 今天在家吃，好吗？
3. 那去吃广州菜吧，怎么样？
4. 我们去吃泰国菜，好不好？

你朋友的父母来中国了，想去一些地方玩玩儿，请你给他/她一些建议。

xǐ·huan bù xǐ·huan
二、喜欢/不喜欢

1. 我很喜欢吃印尼菜，味道很不错。
2. 那家餐厅有点儿远，不方便。

你去朋友家做客，你很喜欢朋友做的饭，怎么说？

你不喜欢学校餐厅的饭菜，怎么说？

经典诵读

Mǐn nóng
悯 农

Chú hé rì dāng wǔ hàn dī hé xià tǔ
锄禾日当午，汗滴禾下土。

Shuí zhī pán zhōng cān lì lì jiē xīn kǔ
谁知盘中餐，粒粒皆辛苦。

——唐·李绅《悯农》

练习

一、连一连，组汉字

月	心	旦	先	元	未	兑
氵	口	辶	亻	日	讠	相
______	______	______	______	______	说	______

二、大声读

一桌子菜	一日三餐	洗碗
有点儿远	有点儿多	有点儿大
去舅舅家玩儿	去餐厅吃饭	去学校学习
会做饭	会打篮球	会踢足球
习惯这个地方	习惯中国菜	觉得不习惯

三、选词填空

不　但是　会　一般　方便　习惯　了　已经　有点儿　过

（1）吃________饭，我们一起去学校吧。
（2）这家餐厅饭菜很好吃，________很远。
（3）今天我________想去学校。
（4）你________说英语吗？
（5）周末，我________在家看书。
（6）我是北方人，现在在广州每天吃米饭，觉得很不________。
（7）今天是周末，人________多，我们明天去吧。
（8）从这儿去学校很远，不________。
（9）你去________美国吗？
（10）A：你吃早餐了吗？
　　B：嗯，________吃了。

四、完成句子和对话

（1）我想和朋友出去玩儿，________________________。（但是）
（2）老师，我今天不去上课，________________________。（有点儿）
（3）早餐________________________________。（一般）
（4）A：________________________________？（会）
　　B：不会。
（5）A：你一个人可以吗？
　　B：妈妈，我________________________________。（已经）

五、连词成句

（1）想　今天　吃　你　什么

____

(2) 家　一般　我　书　在　看　周末

____

(3) 已经　饭　他　了　吃

____

(4) 自己　觉得　他　不　有点儿　舒服

____

(5) 餐厅　不错　家　味道　那　很

____

六、综合填空

我来广州________一个月________，不________这儿的饭菜。中国菜________油腻(yóu nì)，我不喜欢。我________一个印尼餐厅，________没去过，朋友们说那________餐厅的________不错，这个周末我________去看看。

七、说一说：你知道哪些中国菜的名称？比一比，看谁说得多

第八课
去哪儿买东西

课前热身

chāoshì
超市

shìchǎng
市场

shāngchǎng
商场

shūdiàn
书店

开心词典

生活[1]　　shēnghuó　　名词、动词

例：生活用品

他在广州生活两年了。

可爱[2]　　kě'ài　　形容词

例：可爱的小狗(gǒu)　可爱的孩子

他的妹妹很可爱。

友好[3]　　yǒuhǎo　　形容词

例：中国朋友对我很友好。

聊天[4]　　liáo//tiān　　动词

例：我们每天一起学习、聊天。

件[5]　　jiàn　　量词

例：一件衣服　两件事

合适[6]　　héshì　　形容词

例：这件衣服，你穿很合适。

多少[7]　　duō · shao　　疑问代词

例：这件衣服多少钱？//你们班有多少同学？

便宜[8]　　pián · yi　　形容词

例：这件衣服便宜。

【反】昂贵(ángguì)

一点儿[9]　　yīdiǎnr　　数量词

例：大一点儿　小一点儿　便宜一点儿　多吃一点儿

行[10]　　xíng　　动词

例：A：明天去超市买东西吧？

B：行啊！//不行，明天我有事儿。

要[11]　　yào　　动词

例：你要什么？//我要两件。

怎么[12]　　zěn · me　　疑问代词

例：怎么办　怎么写　怎么做　怎么去

卖[13]　　mài　　动词

例：卖东西　怎么卖

【反】买（mǎi）

一共[14]　　yīgòng　　副词

例：我家一共五口人。//这些水果一共三十五块。

给[15]　　gěi　　动词

例：给我　给老师　给朋友

你给他了吗？//他给我一本书。

汉字乐园

网（wǎng）

渔网　球网　上网

衣（yī）

上衣　内衣　衣服

果（guǒ）

水果　苹果　如果

菜（cài）

艹（草字头）+ 采（cǎi）

白菜　青菜　菜市场　菜单

艹 + ×：草（cǎo）　花（huā）　蓝（lán）

主课文

去哪儿买东西

学校东门有一个市场，水果（shuǐguǒ）、蔬菜（shū cài）、生活[1]用（yòng）品（pǐn），什么都有。

市场里的叔叔阿姨很可爱[2]，知道我是印尼人，对（duì）我很友好[3]。每次（cì）去买东西，我都和他们一起聊天[4]。

爸爸说，学好了汉语，还可以上网（shàng//wǎng）买东西！

★什么

苹果、橙子、山竹……什么水果我都喜欢吃。

什么字我都认识。

★对

老师对我们很好。

他对我说："我们一起去吧！"

★次

一次　每次

每天两次

会话 1

买衣服

（星期六，王佳丽和林丽珍去买衣服）

林丽珍：佳丽，这件[5]上衣怎么样？

王佳丽：颜色（yán sè）不错，很好看，大小也很合适[6]。

林丽珍：老板（lǎobǎn），这件多少[7]钱（qián）？

老　板：180。

林丽珍：便宜[8]一点儿[9]，120块（kuài），行[10]吗？

老　板：120？不行，不行。

林丽珍：120，我们要[11]两件，怎么样？

老　板：好吧。

会话 2

买水果

（刘大伟和孙克到学校的水果店买水果）

刘大伟：老板，苹果（píngguǒ）和橙子（chéng · zi）怎么[12]卖[13]？

老　板：苹果 6 块 5 一斤（jīn），橙子 7 块一斤。

（大伟选好了水果，拿给老板）

老　板：一共[14]26 块 4，你给[15]26 吧。

孙　克：老板，山竹（shānzhú）多少钱一斤？

老　板：12 块一斤。

（孙克选好了山竹，拿给老板）

老　板：一共 32 块 8。

孙　克：谢谢老板。

老　板：不客气（bù kè · qi）。

能说会用

一、描述（miáoshù）

1. 市场里的叔叔阿姨很可爱，对我很友好。

2. 这件衣服颜色不错，很好看，大小也很合适。

说一说你的一个朋友或一件衣服。

二、同意/不同意（tóng yì / bù tóng yì）

1. 好的，明天我们一起去吧！

2. 行，卖给你！

3. 那好吧，180 块两件！

4. 不行，不行！

你同意明天跟朋友一起去买东西，怎么说？

你不想跟朋友一起去买东西，怎么说？

经典诵读

Yī cùn guāng yīn yī cùn jīn cùn jīn nán mǎi cùn guāng yīn

一寸光阴一寸金，寸金难买寸光阴。

练习

一、连一连，组汉字

舌	心	纟	彦	亻	且	欠
辶	宀	冫	合	更	页	乍
______	______	______	______	______	颜	______

二、大声读

两斤苹果	三斤橙子	一件衣服	一个蔬菜市场
一起学习	一起聊天	一起玩儿	一起去买东西
便宜点儿	高兴点儿	小一点儿	多一点儿
有点儿大	有点儿小	有点儿远	有点儿不舒服
去书店买书	去超市买东西	去商场买衣服	对我很友好

三、选词填空

哪儿 什么 怎么样 多少 怎么

(1) A：老板，苹果________卖？

B：6 块一斤。

(2) A：这件衣服________？

B：颜色很好看，大小也合适。

(3) 今天中午去________吃饭呢？

(4) 晚饭吃________？

(5) 老板，这件衣服________钱？

(6) 这个市场，水果、蔬菜、生活用品，________都有。

四、完成句子和对话

(1) 苹果 3 块一斤，橙子 2 块 5 一斤，小丽买了 5 斤苹果、3 斤橙子，

____。（一共）

(2) 360 块？有点儿贵，________________________！（一点儿）

(3) 老板，山竹________________________________？（怎么）

(4) 老板，这件衣服____________________________？（多少）

(5) A：____？（要）

B：我要一个汉堡包。

(6) A：你的老师怎么样？

B：____。（对）

五、连词成句

(1) 都 吃 我 什么 喜欢 水果

____

(2) 的　很　衣服　那　大小　合适　件

____

(3) 聊天　和　的　里　阿姨　我　宿舍　喜欢

____

(4) 六　了　广州　生活　年　他　在

____

(5) 不　东西　上网　喜欢　买　我

____

六、综合填空

我来广州两个月________，这里的人________我很友好，每________出去买东西，我都________中国人聊天。昨天我买了两________衣服，________用了180元，很好看，大小也很________，我很开心。

七、说一说：你知道哪些水果的中文名字？比一比，看谁说得多

第九课

开心的一天

课前热身

hǎi
海

hǎixiān
海鲜

hǎiyángguǎn
海 洋 馆

Pōshuǐ Jié
泼 水 节

开心词典

开心[1]　kāixīn　形容词

例：很开心　不开心

今天我很开心。

半[2]　bàn　数词

例：半天　半小时　一个半小时　十点半

开[3]　kāi　动词

例：开车　开门　打开

回[4]　huí　动词

例：回家　回国　回宿舍

他明天开车回广州。

睡着[5]　shuìzháo　动词

例：他睡着了。//我没睡着。

周[6]　zhōu　名词

例：周一　周二　上周　下周　周末

活动[7]　huódòng　名词

例：泼水节活动　课外活动

参加[8]　cānjiā　动词

例：参加活动

别人[9]　bié · rén　代词

例：别人的书

这本书不是我的，是别人的。

听[10]　tīng　动词

例：听音乐　听听

有意思[11]　yǒu yì · si　形容词

例：今天的活动很有意思。//这个人很有意思。

事儿[12]　shìr　名词

例：高兴的事儿　开心的事儿　一件事儿　有事儿　没事儿

送[13]　　sòng　　动词

例：送朋友回家　送女儿去学校

要[14]　　yào　　助动词

例：我们每天上午都要上课（shàng// kè）。//你要参加吗？

如果[15]　　rúguǒ　　连词

例：如果你去，我也去。

如果这件衣服便宜一点儿，我就买。

汉字乐园

xīn
心

开心　心里　心事

chē
车

汽车　火车　开车

yú
鱼

金鱼　美人鱼　鱼肉

shuǐ
水

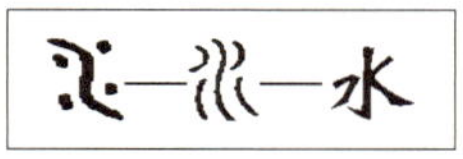

热水　冷水　口水　水果

主课文

★在……里

在家里

在车里

在大海里

周末，我在房间里看书、学习。

★又

我吃了一个苹果，又吃了一个香蕉。

★……上

桌子上

上学的路上

去北京的火车上

回国的飞机上

开心[1]的一天

（在加拿大学习的姐姐来广州了。星期六，爸爸开车带我和姐姐一起去海边）

6 月 20 日，星期六，天气（tiān qì）很好。上午 10 点（diǎn）20 分（fēn），我们到了海边，海水真漂亮！

上午，我们在大海里（·lǐ）游泳（yóu//yǒng）。中午，去吃了海鲜。吃了饭，又（yòu）去参观（cānguān）了海洋馆。下午 5 点半[2]，我们开[3]车（chē）回[4]广州。回家的路（lù）上，我在车里睡着[5]了，还做了一个梦（mèng）：我变成（biànchéng）了美人鱼（měirén yú）！

这真是开心的一天！

会话 1

泼水节

张玉兰：大伟，下周[6]一学校有“泼水节”活动[7]，你参加[8]吗？

刘大伟：“泼水节”是什么节日（jié rì）？

张玉兰：泼水节是泰国的一个节日。那天，大家都用水泼别人[9]，很好玩儿。

刘大伟：听[10]起来（//·qǐ//·lái）很有意思[11]，我很想参加，但是那天我有事儿[12]。

会话 2

gào// bié
告 别

fēi jī

王佳丽：姐姐，明天你儿点的飞机？

王佳美：上午 10 点。

王佳丽：我去送[13]你。

shíjiān

王佳美：你还要[14]上课，让爸爸送我吧。如果[15]明年有时间，你和爸爸到加拿大玩儿！

yī lù píng'ān

王佳丽：好的。姐，那你一路平安！

能说会用

xù shù

一、叙述

1. 6 月 20 日，星期六，天气很好。
2. 中午我们去吃了海鲜，吃过饭，去参观了海洋馆。
3. 昨天我和朋友去商场买东西了，一起吃了饭，还看了电影。

叙述一件开心的事儿或一次旅行。

二、告别

1. 再见！
2. 一路顺风/一路平安！
3. 多保重，自己照顾好自己！
4. 姐姐，明天你儿点的飞机？我去送你吧！

在机场与父母告别时，爸爸妈妈对你说了什么？你对爸爸妈妈说了什么？

经典诵读

Hǎi nèi cún zhī jǐ tiān yá ruò bǐ lín
海 内 存 知 己，天 涯 若 比 邻。

——唐·王勃《送杜少府之任蜀州》

练习

一、读拼音，写词语

kāixīn shuìzháo huódòng cānjiā rúguǒ
（ ）（ ）（ ）（ ）（ ）

二、连一连，组汉字

西 辶 林 𧾷 目 氵 云

垂 舌 力 女 关 夕 各

____ 活 ____ ____ ____ ____ ____ ____

三、大声读

8 点 20 分	10 点 35 分	12 点半
在家里看书	在学校里学习	在大海里游泳
开心的事儿	有事儿	有意思的活动
回家的路上	上课的路上	去上海的飞机上

四、选词填空

几 要 在 上 真 还 又 里

（1）明天你______要上课，让爸爸送吧。

（2）我们______大海______游泳。

（3）海鲜______好吃！

（4）回家的路______，我睡着了。

（5）我买了两斤苹果，______买了一斤橙子。

（6）今天星期______？

（7）我______参加泼水节活动。

五、照例子填空

（1）我们 在 大海里 游泳。

我们 在 ______ ______。

我们 在 ______ ______。

（2）如果 明年 有时间，我想去中国。

如果______________________，我想______________________。

如果______________________，我想______________________。

（3）泼水节 真是 一个 有意思的 节日。

______ 真是 一个 ______ 地方。

张大伟 真是 一个 ______ ____。

六、完成句子和对话

（1）______________________，我认识了一个新朋友。（……的……上）

（2）A：______________________________？（时间）

B：下午我有事儿。

（3）A：这是你的汉语书吗？

B：不是，______________________________。（别人）

（4）A：明天下午有“泼水节”活动，你参加吗？

B：听起来很有意思，__________________________。（要）

七、说一说：我的一天

第三单元

交通出行

第十课
问路

课前热身

wèn// lù
问 路

zhǐ// lù
指 路

mí// lù
迷 路

fāngxiàng
方 向

开心词典

经常[1]　jīngcháng　副词

例：经常上网　经常出去玩儿

我和朋友经常去超市买东西。

最[2]　zuì　副词

例：最好　最漂亮　最便宜的水果　最开心的事儿

应该[3]　yīnggāi　助动词

例：要想学汉语，你应该去中国。

天气太热了，应该多吃水果和蔬菜。

往[4]　wǎng　介词

例：往东　往西　往南走　往北走

一直[5]　yīzhí　副词

例：一直走　一直往东走

一直往前走，就到了。

左右[6]　zuǒyòu　名词

例：500 米左右　100 块左右　十五天左右　三十岁左右

往前走 500 米左右，就到了。

拐[7]　guǎi　动词

例：左拐　右拐　向左拐　向右拐

太[8]　tài　副词

例：太贵　太多　太好了　太远了

今天太热了。

坐[9]　zuò　动词

例：请坐　坐车　坐火车　坐飞机去北京

可能[10]　kěnéng　助动词

例：今天可能要下雨。//他今天可能不来上课了。

长[11]　cháng　形容词

例：长时间　很长的路

你学汉语多长时间了？

duǎn

【反】短

这么[12]　zhè · me　代词

例：这么近　这么多　这么少　这么开心

这么远啊，不去了！

等[13]　děng　动词

例：等人　等火车　等一会儿　等一下　等我一下

汉字乐园

wèn

问　门 + 口

问题　问问题　问老师一个问题

zuò

坐　丿 人 ㅆ 从 坐 坐 坐

坐下　请坐下　一起坐

xiàng

向　丿 亻 冂 向 向 向

方向　向东　向南　向我问路

xǐ

洗　氵（三点水）+ 先（xiān）

洗衣　洗衣机　洗手　洗手间　洗脸

氵 + X：海 hǎi　洋 yáng　游 yóu　泳 yǒng　泼 pō

主课文

问路

在学校里，经常[1]有人向（xiàng）我问路：“同学，请问教学楼在哪儿？”“请问哪儿有洗手间（xǐ shǒujiān）？”

我也有迷路的时候（shí·hou）：“叔叔，最[2]近的地铁站（dì tiě zhàn）怎么走？”“阿姨，我要去公园（gōngyuán），请问应该[3]往[4]哪个方向走？”很多人都给我指路。

★向＋……＋动词

他向我借100块钱。

一直向东走，就到了。

★……时候

小时候　想家的时候

每个人都有不开心的时候。

★给＋……＋动词

周末，我经常给爸妈打电话。

你去超市的时候，给我买一瓶水，好吗？

会话1

指路

王佳丽：阿姨，您好！您知道中华餐厅怎么走吗？

路　人：从这儿一直[5]往前（qián）走500米（mǐ）左右[6]，在十字（shí zì）路口（lù kǒu）往右拐[7]。

王佳丽：啊，太[8]谢谢您了。

路　人：不客气。

会话 2

dòngwùyuán
去动物园

孙　克：您好！请问从这儿到动物园还有多远？

zhàn
路　人：坐[9]公交车可能[10]还有三四个站。

孙　克：走路要多长[11]时间？

路　人：可能要半个小时。

gōngjiāochē
孙　克：啊，这么[12]远，那我等[13]公交车吧。谢谢！

路　人：不用谢！

能说会用

xúnwèn
一、询问

1. 请问，您贵姓？
2. 请问，去火车站怎么走？
3. 请问，洗手间在哪儿？
4. 请问，您知道＿＿＿＿＿＿＿＿＿＿？

你接到一个电话，但是你不知道打电话的人是谁，你怎么说？

kěnéng
二、可能

1. 从这儿到学校，可能要半个多小时。
2. 他可能不来了。
3. 已经11点了，他＿＿＿＿＿＿＿＿＿＿。

经典诵读

Chē dào shān qián bì yǒu lù

车 到 山 前 必 有 路。

练习

一、连一连，组汉字

⺮	口	门	讠	辶	彳	扌
亥	寺	主	口	米	另	元
______	______	______	问	______	______	______

二、大声读

经常下雨（xià//yǔ）	经常上网	经常去图书馆
30 岁左右	50 米左右	两个小时左右
上课的时候	想家的时候	迷路的时候
往前走	一直往前走	往前走 500 米左右
七八天	三四个月	五六个小时
给我指路	给爸爸打电话	给我买一瓶水

三、照例子填空

（1）从这儿到动物园，坐公交车要二十分钟。

________广州________香港，坐火车____________________。

从广州到北京，______________________________。

（2）迷路的时候，我经常问别人。

想家的时候，我经常__________________。

________时候，我经常跟朋友一起玩儿。

四、连词成句

（1）请　哪儿　教学楼　在　问

____

（2）还　可能　个　站　三　四　有　吧

____

（3）最　地铁站　近　的　走　怎么

____

（4）从　往　走　前　一直　这儿

____

（5）我　别人　指路　给　经常

____

五、选词填空

从　向　太　还　在　怎么　往

（1）________学校里，经常有人________我问路。
（2）阿姨，最近的地铁站________走？
（3）________这儿一直________前走，右拐。
（4）请问从这儿到动物园________有多远？
（5）啊，________谢谢您了！

六、说一说：迷路了，你会怎么办

第十一课

出行坐什么

课前热身

fēi jī
飞机

gāo tiě
高铁

dì tiě
地铁

huǒchē
火车

开心词典

交通[1]　jiāotōng　名词

例：广州的交通很方便，想去哪儿去哪儿。

选择[2]　xuǎnzé　动词、名词

例：选择学校　选择工作　做选择　做一个选择

我选择坐火车去北京。

或者[3]　huòzhě　连词

例：或者你去，或者我去。

去北京，或者坐火车，或者坐飞机。

更[4]　gèng　副词

例：更好　更热　更合适　更高兴

这件衣服更舒服。

机会[5]　jī · huì　名词

例：很高兴有机会来中国学汉语。

咱们[6]　zán · men　代词

例：佳丽，咱们去吃饭吧。

可是[7]　kěshì　连词

例：火车比高铁慢，可是便宜很多啊！

堵车[8]　dǔ//chē　动词

例：北京经常堵车，我哥哥每天上班要花很长时间。

一样[9]　yīyàng　形容词

例：和……一样　和……不一样

我的衣服和他的一样。

建[10]　jiàn　动词

例：建学校　建宿舍楼　建办公楼　建地铁

才[11]　cái　副词

例：8：30 上课，他 10：00 才来。

第[12]　　dì　　前缀

　　例：第一　第二　第三　第十

条[13]　　tiáo　　量词

　　例：一条路　一条鱼

汉字乐园

fēi
飞

飞机在天上飞。

小鸟飞走了。

chū
出

出门　出国　出来　出去

mén
门

大门　东门　门口

màn
慢

忄（竖心旁）+ 曼（màn）

慢点儿

你慢点儿跑！

主课文

广州的交通[1]

在广州生活两个月了，我觉得广州的交通很方便。

★有时……有时……

爱情和天气一样，有时晴，有时雨。

★不但……而且……

他不但会唱歌，而且会跳舞。

这件衣服不但便宜，而且看起来很漂亮。

周末和朋友一起出去玩儿，我们有时坐公交车和地铁，有时坐出租车(chū zū chē)。如果出远门，可以选择[2]坐火车、高铁或者[3]飞机。我更[4]喜欢坐火车，坐火车不但(bù dàn)便宜，可以看风景(fēngjǐng)，而且(ér qiě)有机会[5]跟很多中国人聊天，很有意思。

会话 1

怎么去机场(jī chǎng)

陈思华：咱们[6]怎么去机场？

陈思汉：坐机场大巴(dà bā)，怎么样？

陈思华：可是[7]，学校门口(ménkǒu)没有到机场的大巴。

陈思汉：那咱们坐出租车？

陈思华：打的(dǎ// dī)啊？从这里到机场，可能要 100 多块钱，太贵了，而且如果堵车[8]怎么办？

陈思汉：嗯，那就坐地铁吧！

会话 2

在地铁上

王佳丽：孙克，巴黎(Bā lí)的地铁和广州的一样[9]吗？

孙　克：不一样。巴黎的地铁很慢，广州的很快，也很漂亮。

王佳丽：因为（yīn·wèi）广州的地铁是新建[10]的，所以（suǒ yǐ）很漂亮！

孙　克：是啊。广州在 1997 年才[11]有第[12]一条[13]地铁，巴黎 1900 年就有了。

王佳丽：你知道很多啊。

孙　克：哈哈！

能说会用

一、商　量（shāng·liang）

1. 咱们坐公交车去，行不行？
2. 你觉得这件红色的，怎么样？
3. 那咱们去吃中国菜，好不好？
4. 我们去吃泰国菜吧？

周末了，你和朋友商量去哪里玩儿，怎么说？

二、决定（juédìng）

1. 公交车太慢，我们坐地铁去吧。
2. 就这样吧，坐飞机去！
3. 我决定到中国去学汉语。
4. 就这样吧，＿＿＿＿＿＿＿＿＿＿。

你跟朋友去饭店吃饭，看了一会儿菜单，你来决定点什么菜，该怎么说？

经典诵读

Dú wàn juàn shū，xíng wàn lǐ lù。

读万卷书，行万里路。

——清·梁绍壬《两般秋风庵随笔·卷五》

练习

一、连一连，组汉字

钅　木　土　辶　忄　口　廴

羊　曼　大　失　聿　先　者

______　______　______　<u>铁</u>　______　______　______

二、写出下列词语的反义词

左—____　快—____　远—____　多—____

前—____　长—____　买—____　便宜—____

三、连词成句

（1）我　很　的　交通　方便　广州　觉得

____

（2）高铁　去　坐　北京　我们

____

（3）咱们　去　机场　怎么

____

（4）出　门　远　如果　就　我　飞机　坐

____

四、照例子填空

（1）我更喜欢坐火车，坐火车<u>不但便宜</u>，<u>而且可以看风景</u>。

我更喜欢中国菜，中国菜____________，______________。

我更喜欢学汉语，汉语______________，______________。

（2）周末和朋友出去玩儿，我们有时坐公交车，有时坐出租车。
周末和朋友出去吃饭，我们______________，______________。
周末不上课，我们______________，_______________。

（3）因为打的太贵了，所以我坐地铁。
______________，所以我没有买。
因为天气不好，____________________。

五、选词填空

有时　或者　更　一样　因为　所以　不但　而且

（1）这里的天气，________热，________冷。
（2）飞机太贵了，我________喜欢坐火车。
（3）________天气不好，________我没有出门。
（4）我________习惯了广州的饭菜，________习惯了广州的天气。
（5）如果出远门，我们可以选择高铁________飞机。
（6）这件衣服和那件衣服的颜色________。

第十二课

堵车

课前热身

qì chē　yuè lái yuè　duō
汽车　越来越　多

dǔ//chē
堵　车

xiàng　wūguī　yī yàng　màn
像　乌龟　一样　慢

xiàng　wōniú　yī yàng　màn
像　蜗牛　一样　慢

开心词典

接[1]　jiē　动词

例：接人　去机场接人　开车去机场接人　接机

路上车很多，一辆接一辆。

出发[2]　chūfā　动词

例：我们明天上午出发去北京。

正好[3]　zhènghǎo　副词

例：现在天气不冷不热，正好适合出去玩儿。

全[4]　quán　副词

例：操场上全是人。//房间里全是书。

辆[5]　liàng　量词

例：一辆汽车　一辆巴士　一辆的士　一辆自行车

着急[6]　zháo//jí　形容词

例：别着急，慢慢说！//时间还早，着什么急啊？

迟到[7]　chídào　动词

例：今天路上特别堵，所以我迟到了。

特别[8]　tèbié　副词

例：特别热　特别慢　特别舒服　特别好吃

这件衣服特别好看。

不得了[9]　bùdéliǎo　形容词

例：热得不得了　慢得不得了　高兴得不得了　好看得不得了

妈妈做的饭好吃得不得了。

以后[10]　yǐhòu　名词

例：从今以后　五年以后

以前我汉语不太好，现在好点儿了，以后会更好的。

【反】以前（yǐ qián）

能[11]　　néng　　助动词

例：我能吃海鲜，但不能吃太多。

图书馆里不能大声说话。

只[12]　　zhǐ　　副词

例：我只会说英语和汉语，别的语言我不会。

我只喜欢你。

差不多[13]　　chà · buduō　　副词

例：他和他哥哥差不多一样高。

我们差不多等了两个小时。

死[14]　　sǐ　　形容词

例：贵死了　高兴死了　着急死了

汉字乐园

dé
得 

得到　好得(·de)很　高兴得(·de)很　便宜得(·de)不得了

qí
骑　马 + 奇（qí）

骑马　骑车　骑自行车

guī
龟 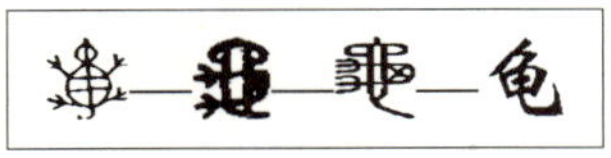

乌龟　一只乌龟

niú
牛 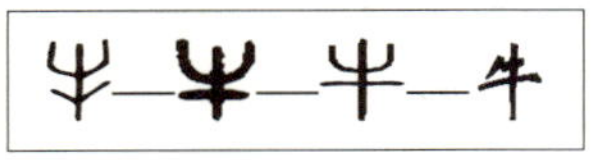

牛肉　蜗牛　一头牛　一只蜗牛

主课文

堵车

上周五下午，舅舅开车来接[1]我吃晚饭。我们从学校出发[2]的时候，正好[3]是下班(xià//bān)时间。

路上全[4]是车，一辆接一辆[5]，走得很慢，像(xiàng)乌龟一样。舅妈很着急[6]，一直打电话，问我们到哪儿了，说饭菜快凉(liáng)了。一般二十分钟(fēnzhōng)就到了，但是那天我们用了两个小时！

★一 + 量词 + 接 + 一 + 量词

一个接一个

一杯接一杯

一本接一本

★动词/形容词 + 得 + 补语

跑得很快

雨下得很大

热得很

贵得很

★像……一样

赵老师对学生像妈妈一样。

我们的学校像公园一样。

会话 1

迟到[7]

杨老师：大伟，今天怎么迟到了？

刘大伟：老师，我住得有点儿远，每天打的来上课，今天路上特别[8]堵，我急得不得了[9]，所以迟到了，真对不起。

杨老师：嗯，没关系，以后[10]早(zǎo)点儿出门吧。

刘大伟：老师，我想买辆摩托车(mótuōchē)，骑摩托车上课，就不会迟到了。

杨老师：这里不能[11]骑摩托车，你只[12]能买自行车(zì xíngchē)了。

刘大伟：啊？

会话 2

yuè lái yuè
汽车越来越多

Yuènán
罗志龙：在越南，路上全都是摩托车。

zhèyàng
王佳丽：印尼也是这样，城市里差不多[13]人人都有摩托车。

赵老师：在我小时候，大家都骑自行车，现在呢，汽车越来越多了。

王佳丽：所以经常堵车啊，堵车的时候真急死[14]人了！

huánbǎo
赵老师：是啊，所以我就骑自行车，环保又方便！

能说会用

zháo//jí
一、着急

1. 真是急死人了！
2. 着急得不得了！
3. 急得走来走去。

着急的时候，你是什么样子？请说一说。

tóngqíng
二、同情

1. 这么小的孩子没有妈妈，真可怜！
2. 每天上学要这么长时间，真让人同情。

朋友开车，堵在了路上，你同情他，该怎么说？

经典诵读

Qiān lǐ zhī xíng shǐ yú zú xià
千里之行，始于足下。

——春秋·李耳《老子》

练习

一、连一连，组汉字

车　扌　冫　亻　走　马　王

京　两　戈　奇　妾　不　象

____　____　____　____　____　环　____

二、词语搭配

接____、____　骑____、____　建____、____

坐____、____　等____、____　问____、____

特别______、______　选择______、______

参观______、______　参加______、______

三、连词成句

（1）他　姐姐　高　一样　差不多　和

____

（2）学校　我　骑　去　自行车　每天

____

（3）时间　正好　现在　是　下班

____

（4）时候　人　真　的　死　急　了　堵车

____

（5）好　汉语　的　越来　我　越

____

四、改写句子

如：今天很热。→今天热得很。→今天热得不得了。

（1）从学校到我家很远。

→______________________。→______________________。

（2）妈妈做的饭菜很好吃。

→______________________。→______________________。

（3）今天他很高兴。

→______________________。→______________________。

（4）舅妈很着急。

→______________________。→______________________。

（5）兔子跑得很快。

→______________________。→______________________。

五、完成句子

（1）妈妈做的菜______________________。（特别）

（2）我们的学校很美，______________________。（像……一样）

（3）现在是下班时间，地铁上的人______________。（……不得了）

（4）来中国留学（liú//xué）的外国人______________。（越来越……）

（5）现在天气不冷不热，______________________。（正好）

第四单元

第十三课

我的爱好

课前热身

chàng//gē
唱 歌

dú//shū
读 书

dǎ pīngpāngqiú
打乒 乓球

tī jiàn·zi
踢毽 子

开心词典

爱好[1] àihào 名词、动词

例：我的爱好是踢足球。

我爱好踢足球。

非常[2] fēicháng 副词

例：非常好 非常堵 非常高兴 非常好吃 非常喜欢

厉害[3] lì · hai 形容词

例：天热得厉害。

这个老师很厉害，什么都知道。

副[4] fù 量词

例：一副球拍 一副筷子

张[5] zhāng 量词

例：一张桌子 一张飞机票

再[6] zài 副词

例：两个菜，一个汤，再来一碗米饭就行了。

五斤苹果，四斤梨子，再要一个西瓜。

找[7] zhǎo 动词

例：找东西 找人

A：请问你找谁？

B：我找张老师。

年轻[8] niánqīng 形容词

例：年轻人 年轻的爸爸 年轻的心

我们学校的老师都很年轻，很厉害。

【反】年老（niánlǎo）

有趣[9] yǒuqù 形容词

例：这本书有趣得很，你要看吗？

【反】无聊 wúliáo

好处[10] hǎochù 名词

例：有好处 没有好处 很有好处 对身体很有好处

【反】坏处 huàichù

运动[11] yùndòng 名词、动词

例：运动员 运动服 运动场 运动会 多运动

你喜欢什么运动？我们出去运动一下吧！

听说[12] tīngshuō 动词

例：我听说你要回国？

我听说明天有雨。

票[13] piào 名词

例：车票 机票 地铁票 门票

算了[14] suàn · le 动词

例：太贵，算了，我不买了。

汉字乐园

shēn
身

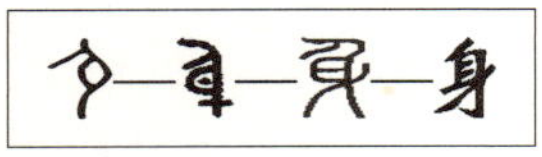

身体 身高 出一身汗 买一身衣服

shǒu
手

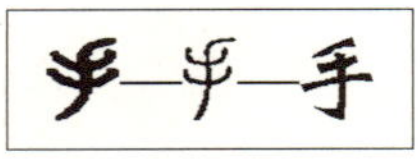

手机 对手 新手 高手 歌手

qiú
球

王（斜玉旁）+求（qiú）

乒乓球 足球 篮球 气球 打球

qù
趣 | 走（走字底）+ 取（qǔ）

有趣 兴趣 对……有兴趣

主课文

我的爱好[1]

我的爱好是打乒乓球。我喜欢和中国朋友一起打，他们非常[2]厉害[3]，每次都玩得很开心。

乒乓球是中国的国球（guóqiú）。打乒乓球只需要（xūyào）一个球、一副[4]球拍（qiúpāi）、一张[5]桌子，再[6]找[7]一个对手（duìshǒu）就行了，不只年轻[8]人，小孩、老人也可以打。

打乒乓球方便、有趣[9]，对身体（shēntǐ）也很有好处[10]。

★需要

我需要你的帮助。

你需要好好休息一下。

★不只……，也……

不只中国人，外国人也喜欢吃饺子。

不只我在中国学汉语，我哥哥姐姐也在。

★对……有好处

多运动对身体有好处。

天天看手机，对眼睛没有好处。

会话 1

踢毽子

孙　克：佳丽，你看，那些老人在踢什么？

王佳丽：他们在踢毽子。

孙　克：毽子？

王佳丽：踢毽子是一项（xiàng）很有意思的运动[11]，很早以前就有了。

孙　克：你看他们踢得多开心啊！

王佳丽：是啊，那咱们也去买一个吧！

会话 2

yǎnchàng huì

看演唱会

张玉兰：佳丽，我听说[12]下个月有王力宏的演唱会。

shuài

王佳丽：王力宏？真的吗？我特别喜欢他。他长得帅，唱歌也好！

张玉兰：哈哈，要不要一起去看？

王佳丽：好啊。多少钱一张票[13]？

张玉兰：最便宜的 380 元一张。

王佳丽：380 元？算了[14]，我用手机听他唱歌吧！

能说会用

zànchéng

一、赞成

1. 对！
2. 太好了！
3. 我觉得你说得很对。
4. A：我觉得广州是中国最好的城市。

   B：________，我也觉得广州最好。

妈妈说，学汉语要去北京，如果你赞成，该怎么说？如果你不赞成，又该怎么说呢？

pínglùn

二、评论

1. 汉字很有意思。
2. 我觉得踢毽子很好玩儿。
3. 这位歌手不只长得帅，唱歌也很好听。

4. 我们的学校________________________。

请评论一下你的学校。

经典诵读

Zhī zhī zhě bù rú hào zhī zhě hào zhī zhě bù rú lè zhī zhě
知之者不如好之者，好之者不如乐之者。

——《论语·雍也》

练习

一、连一连，组汉字

弓	王	毛	走	哥	西	云
建	取	长	求	示	力	欠
______	______	张	______	______	______	______

二、选择合适的量词填空

项 件 张 辆 副 块 斤 口

五________人	一________筷子	两________钱
一________照片	一________汽车	一________球拍
五________水果	一________运动	一________衣服
一________桌子	一________自行车	一________车票

三、选词填空

向　对　往

（1）老师________我们很好。

（2）从这儿一直________南走，就到了。

（3）昨天迷路了，我________一个中国人问了路。

（4）我要________你学习！

（5）他________我说："我喜欢你！"

（6）我________打乒乓球没有兴趣。

四、连词成句

（1）的　踢　爱好　我　是　足球

____

（2）对　有　打　身体　羽毛球　很　好处

____

（3）有　的　项　踢　运动　很　一　是　毽子　意思

____

（4）下　听说　的　有　演唱会　周　我　王力宏

____

（5）啊　你　看　得　玩　他们　开心　多

____

五、说一说：我的爱好

第十四课

生活习惯

课前热身

yùndòng
运 动

zǎo dú
早读

guǎngchǎngwǔ
广 场 舞

yè māo · zi
夜 猫 子

开心词典

房间[1]　fángjiān　名词

例：我的房间　在房间里　大房间　一个大房间

起床[2]　qǐ//chuáng　动词

例：我每天 6 点半起床。

音乐[3]　yīnyuè　名词

例：音乐会　听音乐　好听的音乐

电影[4]　diànyǐng　名词

例：看电影　电影票　电影院

常常[5]　chángcháng　副词

例：常常看电影　常常听音乐会　常常很晚才睡觉

同[6]　tóng　形容词

例：不同　同样　同一个　同一个房间

为什么[7]　wèi shén · me

例：你为什么迟到了？//他为什么哭？

原来[8]　yuánlái　副词

例：啊？原来你是泰国人。

锻炼[9]　duànliàn　动词

例：锻炼身体，好好学习，快乐生活！

陪[10]　péi　动词

例：陪孩子玩　陪父母看病　陪妈妈跳广场舞

周末，我要陪佳丽去买衣服。

跳舞[11]　tiào//wǔ　动词

例：和他一起跳舞　跳广场舞

见[12]　jiàn　动词

例：见朋友　见老师　见面　见一面　见过

汉字乐园

yè
夜

夜晚　夜班　半夜　一夜没睡

jiān
间

时间　空间　房间　一间房

yuè
乐

音乐　乐器

wǔ
舞

舞蹈（dǎo）　跳舞　跳一支（zhī）舞

主课文

生活习惯

在学校，我和泰国留学生（liú xuéshēng）张玉兰住一个房间[1]，但我们的生活习惯却（què）很不一样。我喜欢早睡早起，晚上十点睡觉，早上六点起床[2]。可张玉兰是个“夜猫子”，喜欢晚上看书、听音乐[3]、看电影[4]，第二天很晚起床，常常[5]来不及（lái · bují）吃早餐就去上课了。

★却

他在广州生活十年了，却不会说广州话。

佳美和佳丽是姐妹，但长得却很不一样。

★来不及

他很着急，来不及和我说话就走了。

来不及了，飞机要起飞了！

★闹矛盾

他们俩闹矛盾了，已经好几天没有说话了。

生活习惯不同[6]，会不会闹矛盾（nào máodùn）呢？

会话 1

睡午觉

孙　克：钱老师，为什么[7]我们中午没有课呢？

钱老师：中午老师要午睡（wǔshuì）啊！

孙　克：午睡？

钱老师：就是中午睡觉啊。

孙　克：为什么中午还要睡觉？

钱老师：睡午觉是大多数（dàduōshù）中国人的一个习惯。

孙　克：原来[8]是这样！

会话 2

广场舞

王佳丽：赵老师，你每天早上都锻炼[9]身体吗？

赵老师：早上我要送孩子去幼儿园（yòu'ér yuán），白天（báitiān）要上课，没时间，到了晚上，有时我陪[10]妈妈一起去跳“广场舞”。

王佳丽：什么是广场舞？

赵老师：广场舞啊，就是很多人一起在广场跳舞[11]，可以锻炼身体。

王佳丽：啊，知道了，我在咱们学校也见[12]过。

能说会用

hào qí
一、好奇

1．为什么呢？

qí guài
2．中午还要睡觉，真奇怪！

中国这么多人，却踢不好足球，你很奇怪，该怎么说。

jiě shì
二、解释

1．午睡啊，就是中午睡觉啊。

2．我觉得是因为……

3．今天我迟到，是因为路上太堵了。

4．他学了半年汉语，我也学了半年汉语，但他的汉语却比我的好，是因为______________________________。

朋友问你为什么喜欢/不喜欢足球，你怎么解释？

经典诵读

Jìn zhū zhě chì, jìn mò zhě hēi
近 朱 者 赤，近 墨 者 黑。

——西晋·傅玄《太子少傅箴》

练习

一、写出带有下列偏旁的汉字

亻________、________　　彳________、________

⺮________、________　　⻊________、________

目________、________　　日________、________

二、选词填空

过　了　也　再　又　才　就

(1) 这本书我以前(yǐ qián)看________，不过我还想________看一次。

(2) 我迟到了，他________迟到了。

(3) 路上堵车，所以我现在________到。

(4) 他很早起床，六点________起来了。

(5) 我以前没有来________中国。

(6) 你今天怎么________迟到了？

(7) 他下课就走________。

三、连词成句

(1) 住　和　我　房间　同　张玉兰　一个

____

(2) 来不及　上课　吃　了　去　我　就　早餐　常常

____

(3) 习惯　是　的　大多数　一个　睡午觉　中国人

____

(4) 锻炼　每天　你　都　吗　身体

____

四、完成句子

(1) 在中国的时候，我________________________。（常常）

(2) 周末他________________________________。（常常）

(3) 我来广州学汉语，____________________。（是因为……）

（4）我喜欢广州，______________________________。（是因为……）

（5）还有十分钟就上课了，我们__________________。（来不及……）

（6）我和他是好朋友，但________________________________。（却）

五、说一说：我的生活习惯

第十五课

中国功夫

课前热身

Lǐ Xiǎolóng
李 小 龙

tài jí quán
太极 拳

Zhōngguó gōng· fu
中 国 功 夫

开心词典

有名[1]　yǒu//míng　形容词

例：他是一个很有名的足球运动员。

报名[2]　bào//míng　动词

例：报名参加运动会

练习[3]　liànxí　动词

例：练习写字　练习口语　练习中国功夫

迷[4]　mí　动词、名词

例：迷路　球迷　影迷　歌迷

他迷上了中国功夫。//我是李小龙的影迷。

不过[5]　bùguò　连词

例：这件衣服不贵，不过我不太喜欢它的颜色。

清楚[6]　qīng · chu　动词

例：我也不清楚他为什么这么做。//这件事，你清楚不清楚？

穿[7]　chuān　动词

例：穿衣服　穿裤子（kù · zi）　穿鞋（xié）

干[8]　gàn　动词

例：干什么　干工作　大家一起干

刚[9]　gāng　副词

例：刚起床　刚上课　刚下班　刚去了一次北京

答应[10]　dā · ying　动词

例：我让妈妈给我买部新手机，妈妈没有答应。

汉字乐园

wǔ
武

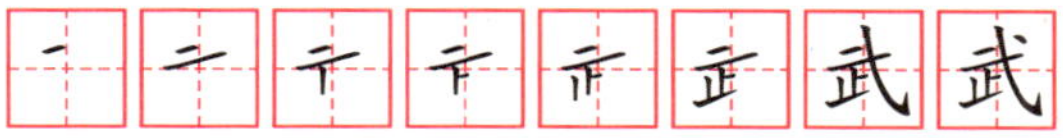

武术　练武　武打片

jiāo/jiào
教

jiāo　jiāo　jiào　jiào
教汉语　教我们　教师　教育

qīng
清

氵（三点水）＋青（qīng）

jīng　qíng　qíng
X＋青：眼睛　晴天　心情

xīng
星

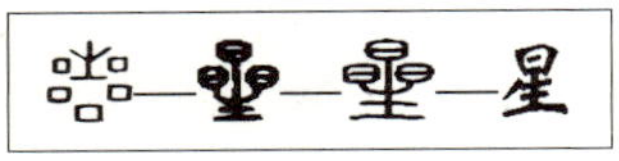

kē
星星　一颗小星星　明星

主课文

★对了

对了，我还有一件事要告诉你。

对了，你不是要回国吗？怎么还没走？

中国功夫

中国功夫在全世界（shì jiè）都非常有名[1]，越来越多的外国人来中国学习功夫。

我们学校也有武术（wǔ shù）课，大伟和孙克都报名[2]了，他们觉得非常有意思，每天下课后都练习[3]武术，现在他们已经变成了武术迷[4]。对了（duì le），我和朋友们都很喜欢成龙，他是一位很有名的功夫明星（míngxīng）。我想，以后我也要找一个会中国功夫的男朋友。

会话 1

功夫电影

孙　克：大伟，你喜欢功夫电影吗？

刘大伟：喜欢啊！李小龙、成龙和李连杰，他们的电影我都看过，我可(kě)是他们的粉丝(fěn sī)呢。

孙　克：哈哈，我也是，这些中国的功夫明星非常有名，外国人(wàiguórén)差不多都知道。

刘大伟：不过[5]，我一直在想，学了功夫，人真的可以“飞来飞去”吗？

孙　克：这个我也不太清楚[6]，咱们去问问老师吧。

会话 2

太极拳

王佳丽：志龙，昨天我看你穿[7]了一身白色的衣服，去干[8]什么呀？

罗志龙：去打太极拳！

王佳丽：太极拳？你会打太极拳？

罗志龙：我刚[9]学，还不太会呢。

王佳丽：在哪里学呢？

罗志龙：就在学校里，有一位老人经常在学校里打太极拳，我就请他教我，他答应[10]了。

王佳丽：啊，真好！听说打太极拳对身体非常好，我也想学呢。

罗志龙：那下次咱们一起去吧。

能说会用

huái yí
一、怀疑

1. 这是真的吗？
2. 啊，不会吧？
3. 不可能吧？
4. 怎么可能呢？

有人说她只是听中文歌就学会了汉语，你有点儿怀疑，该怎么说？

yǒu néng lì
二、有能力

1. 没问题。
2. 我会开车。
3. 我能说汉语。
4. A：你能教我打太极拳吗？
   B：______________。

经典诵读

Yǒu zhì zhě shì jìng chéng
有志者，事竟成。

yè yǎn
——南朝宋·范晔《后汉书·耿弇传》

练习

一、写出带有下列偏旁的汉字

扌________、________　　氵________、________

辶________、________　　讠________、________

口________、________　　　　门________、________

二、比一比，再组词

{练________ {问________ {外________ {请________
{炼________ {间________ {处________ {清________

三、词语搭配

穿__________、__________　　　　陪__________、__________
教__________、__________　　　　踢__________、__________
爱好__________、__________　　　　练习__________、__________
喜欢__________、__________　　　　非常__________、__________
有名的__________、__________　　　　年轻的__________、__________

四、完成句子

（1）听说____。
（2）原来____。
（3）我觉得____。
（4）他答应____。
（5）我不清楚____。

五、选词填空

都　会　不过　太　刚　非常　可能

（1）中国功夫在全世界都________有名。
（2）我和我的朋友________很喜欢看功夫电影。
（3）这件事儿，我不________清楚。
（4）你________打太极拳吗？
（5）我________学几天，还不太会。

（6）这件衣服不贵，________我不太喜欢它的颜色。

（7）在广州，夏天不用空调，这怎么________呢？

六、说一说：你喜欢功夫电影吗？为什么

生词表

第三课

汉语	hànyǔ	少	shǎo
汉字	hànzì	大	dà
爷爷	yé · ye	小	xiǎo
奶奶	nǎi · nai	这	zhè
爸爸	bà · ba	那	nà
妈妈	mā · ma	你	nǐ
哥哥	gē · ge	我	wǒ
弟弟	dì · di	他	tā
姐姐	jiě · jie	她	tā
妹妹	mèi · mei	它	tā
上	shàng	东	dōng
下	xià	西	xī
左	zuǒ	南	nán
右	yòu	北	běi
多	duō		

第四课

的	de	有	yǒu
家	jiā	口	kǒu
大家	dàjiā	和	hé
叫	jiào	们	· men
是	shì	美丽	měilì
印尼	Yìnní	宝贝	bǎo · bèi

全家福	quánjiāfú	真	zhēn
老师	lǎoshī	谢谢	xiè · xie
谁	shuí	亲人	qīnrén
您	nín	华人	huárén
家人	jiārén	啊	a
吗	· ma	在	zài
对	duì	中国	Zhōngguó
看	kàn	叔叔	shū · shu
太太	tài · tai	舅舅	jiù · jiu
孩子	hái · zi	姨妈	yímā
个	gè	都	dōu
女儿	nǚ' ér	广东	Guǎngdōng
儿子	ér · zi		

第五课

新	xīn	美国	Měiguó
朋友	péng · you	泰国	Tàiguó
学校	xuéxiào	一起	yīqǐ
认识	rèn · shi	住	zhù
几	jǐ	每	měi
位	wèi	天	tiān
同学	tóngxué	学习	xuéxí
从	cóng	玩儿	wánr
缅甸	Miǎndiàn	很	hěn
来	lái	高兴	gāoxìng
俩	liǎ	什么	shén · me
兄弟	xiōngdì	名字	míng · zi
来自	láizì	哪	nǎ
法国	Fǎguó	觉得	jué · de

自己	zìjǐ	打	dǎ
呢	· ne	电话	diànhuà
去	qù	让	ràng
哪儿	nǎr	那	nà
买	mǎi	再见	zàijiàn
东西	dōng · xi		

第六课

所	suǒ	也	yě
大学	dàxué	杭州	Hángzhōu
边	· bian	没	méi
座	zuò	怎么样	zěn · meyàng
中间	zhōngjiān	不错	bùcuò
教学楼	jiàoxuélóu	空调	kōngtiáo
办公楼	bàngōnglóu	热水器	rèshuǐqì
宿舍楼	sùshèlóu	舒服	shū · fu
门	mén	学生	xué · shēng
漂亮	piào · liang	可以	kěyǐ
喜欢	xǐ · huan	篮球	lánqiú
过	· guò	踢	tī
些	xiē	足球	zúqiú
地方	dì · fang	饭菜	fàncài
北京	Běijīng	还	hái
上海	Shànghǎi	西餐	xīcān

第七课

吃	chī	鱼香肉丝	yúxiāngròusī
做	zuò	汤	tāng
了	· le	表姐	biǎojiě

说	shuō	一般	yībān
不	bù	喝	hē
会	huì	咖啡	kāfēi
洗	xǐ	面包	miànbāo
碗	wǎn	午餐	wǔcān
咖哩鸡	gālíjī	三明治	sānmíngzhì
炒饭	chǎo//fàn	汉堡	hànbǎo
桌子	zhuō · zi	果汁	guǒzhī
明天	míngtiān	晚餐	wǎncān
周末	zhōumò	沙拉	shālā
出去	chū// · qù	甜品	tiánpǐn
吧	· ba	现在	xiànzài
想	xiǎng	包子	bāo · zi
但是	dànshì	米饭	mǐfàn
有点儿	yǒudiǎnr	面条	miàntiáo
远	yuǎn	习惯	xíguàn
方便	fāngbiàn	嗯	ǹg
知道	zhī · dào	已经	yǐjīng
味道	wèi · dào	用	yòng
早餐	zǎocān	筷子	kuài · zi

第八课

水果	shuǐguǒ	次	cì
蔬菜	shūcài	聊天	liáo//tiān
生活	shēnghuó	上网	shàng//wǎng
用品	yòngpǐn	件	jiàn
可爱	kě'ài	颜色	yánsè
对	duì	合适	héshì
友好	yǒuhǎo	老板	lǎobǎn

多少	duō · shao	橙子	chéng · zi
钱	qián	怎么	zěn · me
便宜	pián · yi	卖	mài
一点儿	yīdiǎnr	斤	jīn
块	kuài	一共	yīgòng
行	xíng	给	gěi
要	yào	山竹	shānzhú
苹果	píngguǒ	不客气	bù kè · qi

第九课

开心	kāixīn	周	zhōu
天气	tiānqì	活动	huódòng
点	diǎn	参加	cānjiā
分	fēn	节日	jiérì
里	· lǐ	别人	bié · rén
游泳	yóu//yǒng	听	tīng
又	yòu	起来	// · qǐ// · lái
参观	cānguān	有意思	yǒu yì · si
半	bàn	事儿	shìr
开	kāi	告别	gào//bié
车	chē	飞机	fēijī
回	huí	送	sòng
路	lù	要	yào
睡着	shuìzháo	如果	rúguǒ
梦	mèng	时间	shíjiān
变成	biànchéng	一路平安	yīlù píng'ān
美人鱼	měirényú		

第十课

经常	jīngcháng	左右	zuǒyòu
向	xiàng	十字路口	shízì lùkǒu
洗手间	xǐshǒujiān	拐	guǎi
时候	shí · hou	太	tài
最	zuì	动物园	dòngwùyuán
地铁站	dìtiězhàn	坐	zuò
公园	gōngyuán	可能	kěnéng
应该	yīnggāi	站	zhàn
往	wǎng	长	cháng
一直	yīzhí	这么	zhè · me
前	qián	等	děng
米	mǐ	公交车	gōngjiāochē

第十一课

交通	jiāotōng	可是	kěshì
出租车	chūzūchē	门口	ménkǒu
选择	xuǎnzé	打的	dǎ//dī
或者	huòzhě	堵车	dǔ//chē
更	gèng	巴黎	Bālí
不但	bùdàn	一样	yīyàng
风景	fēngjǐng	因为	yīn · wèi
而且	érqiě	建	jiàn
机会	jī · huì	所以	suǒyǐ
机场	jīchǎng	才	cái
咱们	zán · men	第	dì
大巴	dàbā	条	tiáo

第十二课

接	jiē	以后	yǐhòu
出发	chūfā	早	zǎo
正好	zhènghǎo	摩托车	mótuōchē
下班	xià//bān	能	néng
全	quán	只	zhǐ
辆	liàng	自行车	zìxíngchē
像	xiàng	越来越	yuè lái yuè
着急	zháo//jí	越南	Yuènán
凉	liáng	这样	zhèyàng
分钟	fēnzhōng	差不多	chà · buduō
迟到	chídào	死	sǐ
特别	tèbié	环保	huánbǎo
不得了	bùdéliǎo		

第十三课

爱好	àihào	年轻	niánqīng
非常	fēicháng	有趣	yǒuqù
厉害	lì · hai	身体	shēntǐ
国球	guóqiú	好处	hǎochù
需要	xūyào	项	xiàng
副	fù	运动	yùndòng
球拍	qiúpāi	演唱会	yǎnchànghuì
张	zhāng	听说	tīngshuō
再	zài	帅	shuài
找	zhǎo	票	piào
对手	duìshǒu	算了	suàn · le

第十四课

留学生	liúxuéshēng	为什么	wèi shén · me
房间	fángjiān	午睡	wǔshuì
却	què	大多数	dàduōshù
起床	qǐ//chuáng	原来	yuánlái
音乐	yīnyuè	锻炼	duànliàn
电影	diànyǐng	幼儿园	yòu'éryuán
常常	chángcháng	白天	báitiān
来不及	lái · bují	陪	péi
同	tóng	跳舞	tiào//wǔ
闹矛盾	nào máodùn	见	jiàn

第十五课

世界	shìjiè	粉丝	fěnsī
有名	yǒu//míng	外国人	wàiguórén
武术	wǔshù	不过	bùguò
报名	bào//míng	清楚	qīng · chu
练习	liànxí	穿	chuān
迷	mí	干	gàn
对了	duì · le	刚	gāng
明星	míngxīng	答应	dā · ying
可	kě		